채소로 채소를 키워요

글, 그림 나나용

채소로 채소를 키워요

초판 1쇄 발행　2024년 06월 24일
ISBN 979-11-982752-5-7

글, 그림 나나용
만든이, 펴낸이 서용재
펴낸곳 나나용북스
출판등록 제2023-000070호

인스타그램, 유튜브 @nanayongbooks
전자우편 nanayongbooks@gmail.com

인쇄, 제작 및 유통상의 파본 도서는 구입하신 서점에서 바꿔드립니다.
저작권법에 의해 보호를 받는 저작물이므로 무단 전재 및 복제를 금합니다.

채소로 채소를 키워요

글, 그림 나나용

목차

들어가는 말	5	로메인	44
알고 시작해요	7	생강	51
		당근 순	63
대파	10	바질	72
양파 순	19	고구마 줄기	81
양파	28	고구마	90
셀러리	37		

들어가는 말

요즘 채솟값이 참 올랐어요.

어렸을 때는 입에도 대지 않으려고 했던 채소인데 나이를 먹으니, 땅에서 나는 음식이 너무 좋아졌어요. 그런데 채솟값이 부담스러워서 집에서 직접 채소를 기르기 시작했고, 그 이후로는 깻잎 한 장의 소중함을, 쌀 한 톨의 수고로움을 알게 되었지요.

이 책은 아이나 어른 모두가 집에서 먹고 남은 채소를 손쉽게 다시 키울 수 있도록 도와줘요. 식물 기르는 재미도 누리면서 돈도 아끼는 셈이지요.

물 주는 게 가끔은 번거롭더라도, 그리고 내 화분에 심긴 채소가 조금은 못생겼더라도 그 맛만큼은 꿀맛일 거예요. 아무래도 직접 정성 들여 수확한 채소로 밥을 차려 먹는 시간이 더 행복해지겠지요.

채소 키우기, 여러분도 할 수 있어요.

내 손으로 길러 설레는 마음으로 수확하고 식탁에 올리는 그 기쁨을 누려보아요.

모종 심기 딱 좋은 날에,

나나용 올림.

알고 시작해요

화분 크기를 꼭 맞춰야 하나요?

채소별로 명시된 화분의 지름을 꼭 맞출 필요는 없지만, 지름이 훨씬 더 작은 화분에 채소를 심는 경우에는 채소가 잘 자라지 않을 수 있어요. 더 큰 화분에 심는 건 무관해요.

화분 바닥에 구멍이 있어야 하나요?

물을 주었을 때 배수가 잘돼야 하므로 바닥에 구멍이 뚫린 화분을 준비해요. 화분에서 물이 잘 빠지지 않으면 채소의 뿌리가 쉽게 썩어요.

화분의 깊이는 어느 정도여야 하나요?

시중에서 주로 파는 화분의 깊이면 돼요. 다만 양파와 고구마는 흙 속에서 자랄 공간이 많이 필요하기 때문에 얕은 화분보다는 깊은 게 더 좋아요.

흙은 어떤 걸 쓰나요?

흙은 배양토라는 혼합 흙을 사용하는 게 초보자에게 가장 쉬워요. 배양토는 영양분도 충분하면서 배수가 잘될 수 있게 다른 재료를 더 섞은 흙이에요. 채소를 처음 기를 때 물을 과하게 주는 실수를 하곤 하는데, 물을 많이 머금는 상토 흙보다는 배양토 흙이 배수가 더 잘 돼서 뿌리가 썩지 않도록 도와요. 배양토는 온라인에서 쉽게 찾을 수 있어요.

화분에 식물을 심는 순서는 어떻게 되나요?

화분 구멍으로 흙이 빠지지 않도록 화분 망을 구멍 위에 가장 먼저 깔아야 해요. 그리고 돌(마사토, 작은 난석 등) 1~2센티 정도를 화분 망 위에 깔고 그 위에 흙을 부어요. 그래야 배수층이 생겨서 물이 잘 빠져요. 즉, 식물을 심을 때 화분에 넣는 재료의 순서는 화분 망, 돌, 그리고 흙이에요. 각 채소 키우기의 준비물에 명시된 '흙'은 흙, 돌, 화분 망 모두를 의미해요.

꼭 채소를 각자의 화분에 심어야 하나요?

하나의 화분에 채소를 여러 개 심어도 돼요. 그 대신 각 채소에 필요한 공간의 길이가 있어요. 이 공간의 길이는 각 채소 키우기의 '준비물'에 적힌 화분의 지름으로 확인할 수 있어요. 그리고 각 채소에 필요한 지름을 계산해서 띄엄띄엄 심으면 돼요.

대파 Leek

준비물 대파, 칼, 가위, 통, 지름 약 10센티 화분, 흙, 수돗물

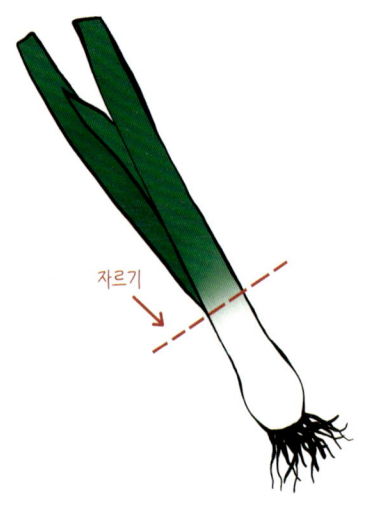

자르기

심을 대파의 하얀 부분이 끝나는 지점을 칼로 잘라요. 뿌리 쪽을 심을 거예요.

수확할 때는 꼭 깨끗한 칼을 쓰세요.
더러운 칼은 식물에 해를 입혀 병들게 해요.

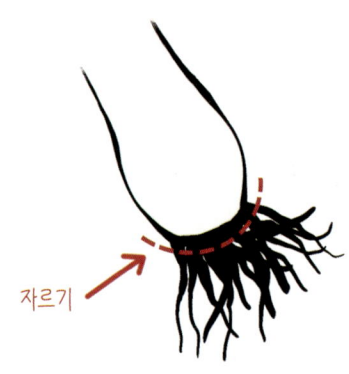

자르기

뿌리가 길다면 가위로 최대한 다듬어요. 이렇게 하는 이유는 뿌리 파리와 같은 뿌리에 사는 해충들이 있을 수 있기 때문이에요.

뿌리가 자라나는 대파의 하얀 몸체는 잘라내면 안 돼요.

대파가 서서 기댈만한 통에 수돗물을 자작하게 채워요. 물에 대파의 뿌리 부분이 담길 정도면 돼요.

대파를 통에 넣어요. 물을 2~3일에 한 번씩 혹은 물에서 갈색빛이 돌면 꼭 갈아요. 그렇지 않으면 대파 아래쪽이 무를 수 있어요.

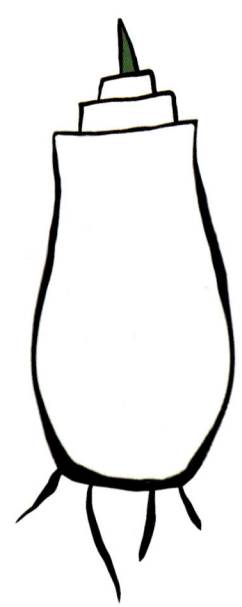

며칠 있으면 뿌리가 다시 자라기 시작해요. 조금 더 있으면 대파 꼭대기에서 초록색 부분이 새롭게 자라요.

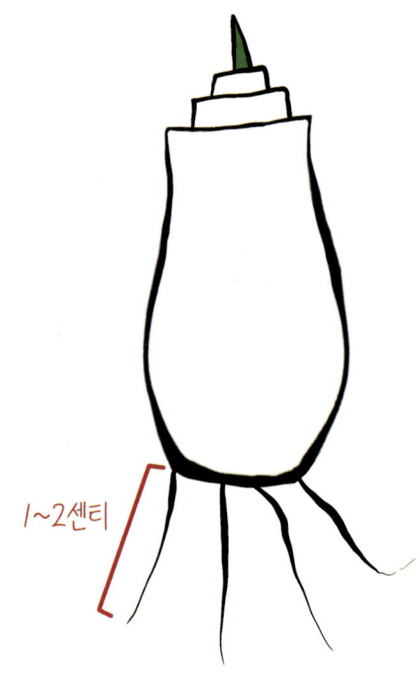

1~2센티

뿌리가 1~2센티 정도 자라면 화분에 흙을 담아요.

화분 중앙에 있는 흙에 손가락으로 대파 뿌리가 들어갈 만한 구멍을 만들어요.

구멍에 대파의 뿌리가 다치지 않도록 조심히 넣어요.

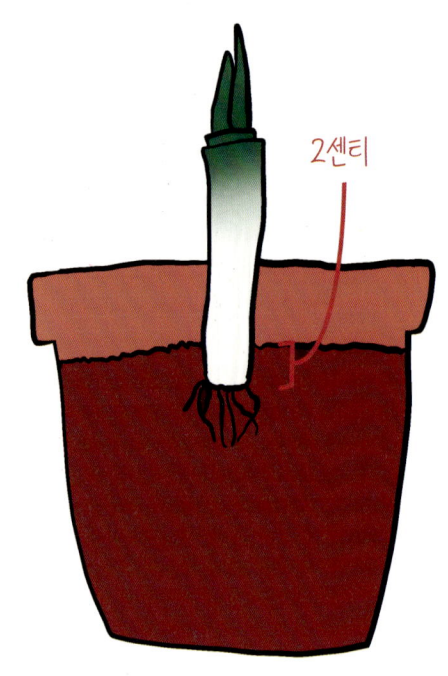

대파의 하얀 부분이 약 2센티 정도 잠기도록 흙을 덮어요.

대파가 설 수 있게끔 주변 흙을 살짝 눌러 주고 바로 물을 흠뻑 준 후 햇빛이 잘 드는 곳에 둬요.

대파 수확하기

준비물 가위

대파가 수확할 정도로 자라면 초록색 부분을
1센티 정도만 남기고 가위로 잘라요.

수확할 때는 꼭 깨끗한 가위를 쓰세요. 더러운 가위는
식물에 해를 입혀 병들게 해요.

양파 순 Spring Onion

아셨나요?

양파를 오래 두다 보면 싹이 나곤 하는데요. 사실 양파 순은 독성이 없고 요리에 활용하면 정말 맛있어요. 양파 순이 나기 시작하면 양파에 있던 영양소가 새로 난 순으로 모이기 때문에 양파를 먹는 것보다 순을 먹는 것이 더 영양가가 있어요. 또 양파 순은 잘랐을 때 양파보다 눈이 덜 맵고 맛이 조금 더 달아요.

양파 순은 대파와 같이 음식에 토핑으로 올려도 되고 김치를 담가도 좋아요. 또 양파와 비슷한 맛이 나기 때문에 양파를 쓰듯 사용할 수 있어 다른 채소와 함께 볶으면 감칠맛이 좋아요.

양파 순 키우기

준비물 양파, 지름 15센티 화분, 흙, 수돗물, 햇빛

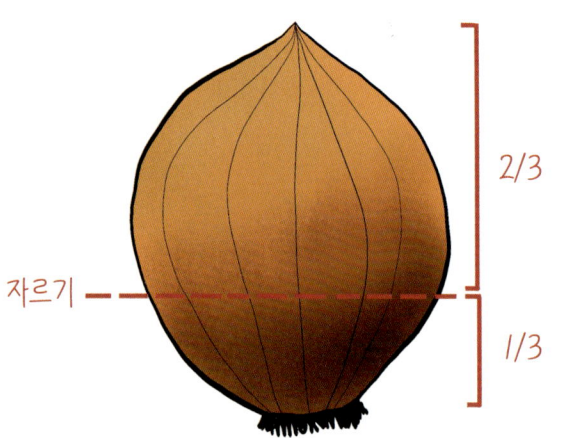

자르기

2/3

1/3

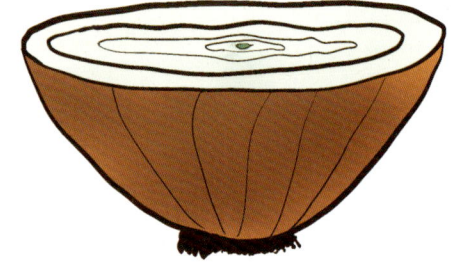

뿌리에 양파 몸통의 1/3 정도가 붙어있도록 양파를 칼로 잘라요. 뿌리 쪽을 키울 거예요.

이미 양파 순이 자란 상태였다면 잘라낸 양파와 양파 순은 요리에 활용해도 돼요.

잘린 면이 살짝 쭈글쭈글해질 때까지 통풍이 잘되는 서늘한 곳에서 말려요. 날씨에 따라서 몇 시간부터 하루까지도 걸려요.

구멍

화분에 흙을 담고 손가락으로 화분 중앙에 양파가 모두 들어갈 크기의 구멍을 만들어요.

양파의 뿌리를 바닥으로 향하게 심고 뿌리가 흙에 잘 맞닿도록 양파를 살짝 눌러요.

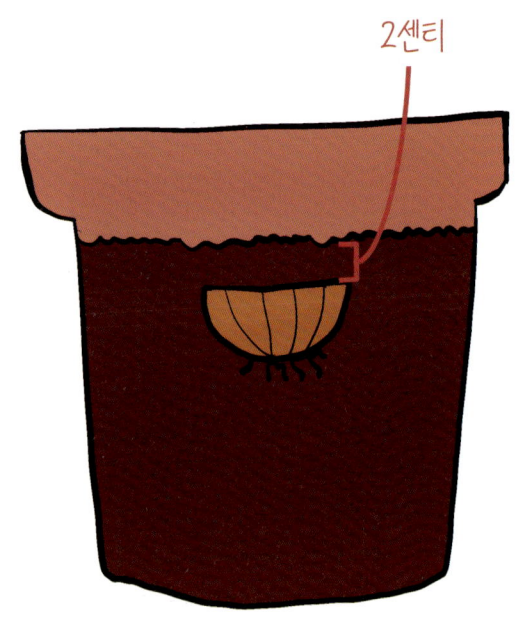

양파의 자른 단면 위로 흙을 2센티 정도 더 덮어요.

흙이 촉촉하도록 물을 바로 뿌리고 해가 잘 드는 곳에 둬요.

겉에 흙이 완전히 마르면 다시 흙이 촉촉할 정도로 물을 줘요. 곧 양파 순이 흙을 비집고 나올 거예요.

물을 흥건하게 주기 보다는 촉촉할 정도로만 줘야 양파가 썩지 않아요.

싹이 난 양파를 통째로 심어도 되나요?

양파를 통째로 심어서 양파 순을 수확할 수는 있어요. 그러나 화분이 훨씬 더 큰 게 필요할뿐더러 물을 너무 많이 줬을 때 썩을 확률이 더 높아요.

양파 순 수확하기

준비물 가위

양파 순이 어느 정도 자라 먹을 정도의 길이가 되면, 가위를 이용해 긴 순 위주로 먹을 만큼만 잘라요.

수확할 때는 꼭 깨끗한 가위를 쓰세요. 더러운 가위는 식물에 해를 입혀 병들게 해요.

자르기

양파 Onion

양파 키우기

준비물　양파, 지름 20센티 화분, 흙, 수돗물, 햇빛

20센티

양파를 키우는 방법은 ==양파 순을 키우는 과정으로 시작해요.== 다만 화분을 지름 15센티 화분이 아닌 ==20센티 화분을 사용해요.==

양파 순이 나기 시작한 지 90~120일 정도 지나면 흙 속에 양파 한 개가 자라 있을 거예요.

양파 순을 너무 많이 수확하면 흙 속에서 양파가 제대로 자라지 못해요. 양파를 수확할 때만 함께 수확하세요.

양파 가르기

준비물 양파, 작은 칼, 지름 20센티 화분, 흙, 수돗물, 햇빛

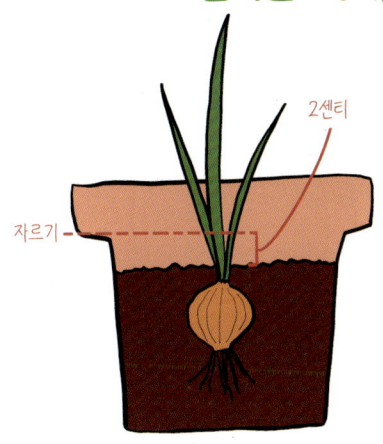

2센티
자르기

양파 하나로 여러 개의 양파를 키울 수 있어요. 양파 순이 자라난 지 90~120일 정도 지나면 흙 속에 새로운 양파 한 개가 생겨요. 먼저 양파 순을 2센티 정도 남기고 모두 수확해요.

양파를 가르기 위해 흙에서 양파를 손으로 조심히 파내요.

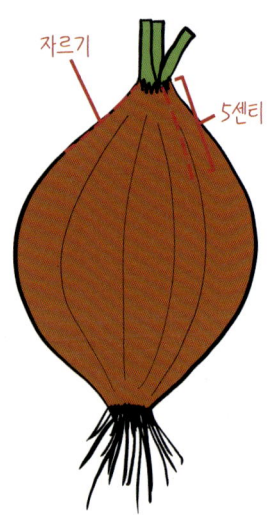

양파 순이 나고 있는 틈 사이로 작은 칼을 이용해 양파의 위쪽으로부터 5센티 정도를 뿌리 쪽으로 그어요. 너무 깊이 자르기보다는 양파의 겉껍질이 쉽게 까질 정도로만 그어요.

꼭 깨끗한 칼을 쓰세요. 더러운 칼은 식물에 해를 입혀 병들게 해요.

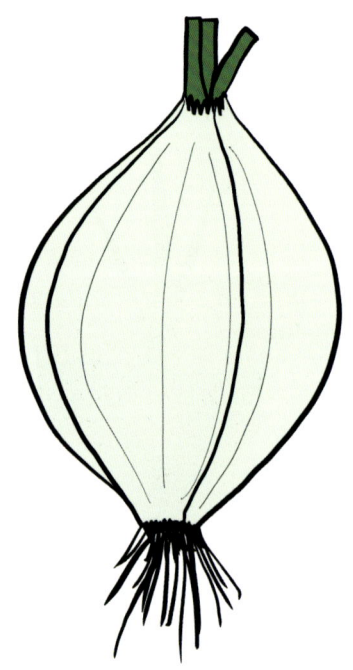

양파의 껍질을 한 겹 벗겨요.

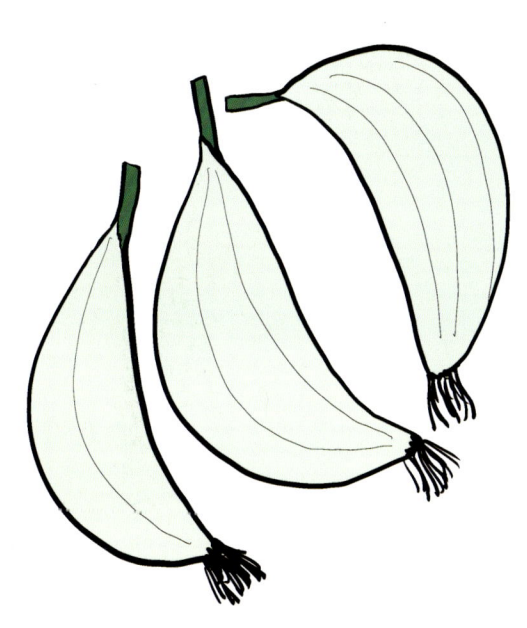

손가락을 이용해 각자의 순이 자라고 있는 양파 조각을 살살 분리해요.

분리된 양파 조각을 <u>뿌리가 아래쪽으로 가도록 각자 화분에 심고</u> 순이 나기 시작하는 지점 위로 2센티 정도 흙을 더 채워요. 바로 물을 주고 햇빛이 잘 드는 곳에 둬요.

같은 화분에 심을 경우, 양옆으로 15센티 간격을 두고서 심어야 실한 양파로 잘 자랄 수 있어요.

90~120일이 다시 지나면 새로 심었던 양파 조각이 각자 양파가 되어 있을 거예요.

양파 순을 너무 많이 수확하면 흙 속에서 양파가 제대로 자라지 못해요. 양파를 수확하거나 가르는 작업을 할 때만 한 번씩 수확하세요.

싹이 난 양파를 통째로 심어도 되나요?

양파를 통째로 심으면 순을 수확할 수는 있지만 양파가 새로 나지는 않아요. 양파 순과 양파를 모두 키우기 위해서는 양파를 통째로 심지 않는 것이 좋아요.

양파

수확하기

준비물 없음

양파 순이 처음 난지 90~120일 정도 되었을 무렵에 손으로 양파 주변의 흙을 살살 파서 양파를 조심히 드러내요. 양파 몇 개는 수확하고 나머지는 다시 양파 가르기를 해서 심으면 양파 순과 양파를 지속해서 키울 수 있어요.

양파를 새로 심을 때는 새로운 흙을 쓰거나 비료를 줘야 양파가 실하게 잘 자라요.

셀러리 Celery

셀러리 키우기

준비물 셀러리, 이쑤시개(필요 시), 통, 지름 20센티 화분, 흙, 수돗물

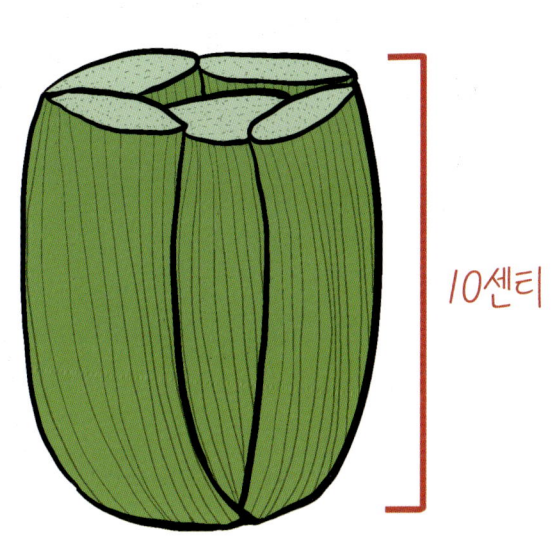

10센티

셀러리의 뿌리 쪽을 약 10센티만 남기고 줄기를 모두 잘라내요.

5센티

셀러리의 뿌리 부분이 아래쪽으로 가도록 통에 세우고 아래에서부터 5센티 정도가 잠기게끔 수돗물을 채워요.

만약 셀러리가 잘 서지 않는다면, 이쑤시개를 셀러리 줄기에 꽂아서 통 입구에 걸리게끔 해요.

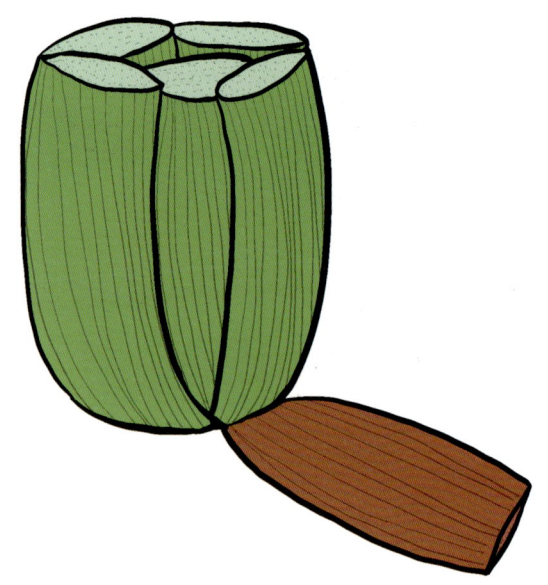

물속에 있는 셀러리의 바깥 줄기가 갈색으로 변한다면 색이 변한 줄기만 손으로 조심히 떼어요.

물은 2~3일에 한 번 혹은 갈색빛이 돌면 갈아요.

며칠이 지나면 셀러리가 새로운 뿌리가 날 거예요. 새로 난 뿌리가 2~3센티 정도가 되면 흙이 담긴 화분에 셀러리의 뿌리가 아래쪽으로 향하도록 심어요.

셀러리 줄기가 5센티 정도 덮이게끔 화분에 흙을 채우고 바로 물을 흠뻑 준 후 햇빛이 잘 드는 곳에 둬요.

너무 오랫동안 셀러리를 흙에 심지 않고 물에 담가 놓으면 줄기가 모두 썩을 수 있어요.

셀러리 수확하기

준비물 가위

자르기

새로 난 셀러리가 먹을 만큼의 키가 되면, 셀러리의 바깥쪽 줄기를 줄기가 나기 시작하는 부분까지 가위로 잘라 수확해요. 중간쪽은 아직 자라는 중이기 때문에 더 자라면 수확해요.

새로 난 셀러리를 모두 다 잘라버리면 다시금 새로 나기가 어려울 수 있어요. 그리고 꼭 깨끗한 가위를 쓰세요. 더러운 가위는 식물에 해를 입혀 병들게 해요.

로메인 Romaine

로메인

키우기

준비물 포기 로메인, 작은 그릇, 지름 15센티 화분, 수돗물, 흙, 햇빛

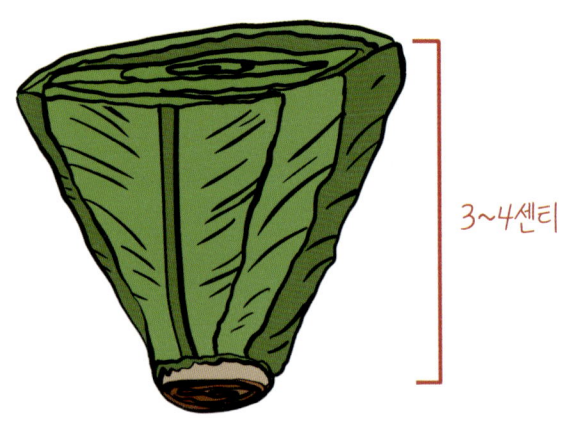

포기 로메인 뿌리 쪽의 이파리를 3~4센티 정도 남기고 잘라내요.

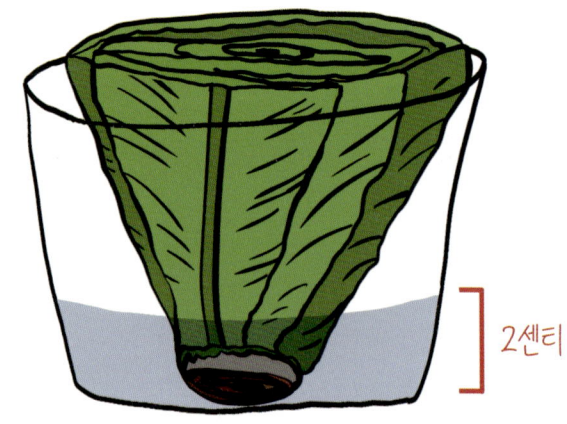

작은 그릇에 수돗물을 2센티 정도 채우고 로메인의 뿌리가 아래쪽으로 가도록 그릇에 세워요.

해를 많이 볼 수 있는 곳에 두고 물을 1~2일에 한 번, 혹은 물에 갈색빛이 돌 때 갈아요. 곧 새 뿌리가 날 거예요.

새로 자라난 뿌리가 2~3센티 정도가 되면 흙이 든 화분에 뿌리가 아래쪽으로 향하게 심어요.

너무 오랫동안 로메인을 흙에 심지 않으면 로메인의 밑동이 썩을 수 있어요.

로메인의 아래쪽이 3센티 정도(잎이 자라나는 부분 이상까지)가 덮이게 흙을 화분에 채워요.

바로 물을 주고 해가 잘 드는 곳에 둬요.

로메인

수확하기

준비물 가위

로메인잎이 먹을 만한 크기로 자라면 겉잎을 깨끗한 손으로 똑- 떼거나 깨끗한 가위로 잘라주세요.

중간 쪽의 아직 작은 잎을 남겨야 계속 자라요. 그리고 꼭 깨끗한 손과 가위로 수확하세요. 더러운 도구는 식물에 해를 입혀 병들게 해요.

다른 상추 종류도 키울 수 있나요?

다른 상추 종류도 같은 방법으로 키울 수 있어요. 그러나 로메인이 가장 잘 자라는 상추 종류 중 하나예요.

생 강 Ginger

아셨나요?

언뜻 보면 뿌리 같지만, 사실 생강은 식물의 뿌리가 아니에요.

생강은 리좀(rhizome)이라는 식물의 기관인데요. 리좀은 땅속에서 수평적으로 뻗어나가며 자라는 덩이줄기에요. 이 덩이줄기는 각자 뿌리를 내려 새로운 싹을 내면서 식물을 번식시켜요. 리좀으로 번식하는 대표적인 식물로는 잔디가 있어요.

키울 생강 고르기

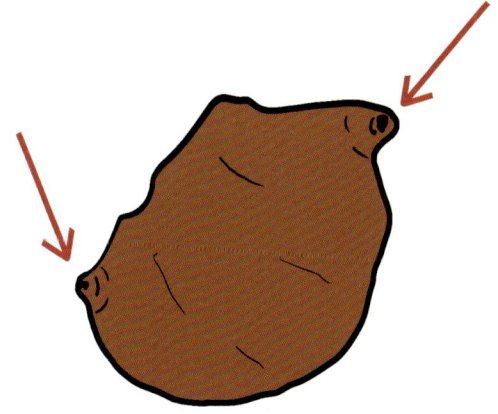

감자의 씨눈처럼 동그랗게 생긴 생강 씨눈이 2개 이상인 통 생강을 고르세요. 씨눈은 생강의 끝에 있는 뾰족한 돌기 같은 부분이에요.

말라 있거나 축축한 생강은 잘 자라지 않아요.

생강 키우기

준비물 생강, 그릇, 수건, 칼, 지름 25센티 화분, 흙, 수돗물

키울 생강을 그릇에 담아요.

생강이 덮이도록 그릇에 수돗물을 채우고 3~4시간 동안 불려요.

그릇에서 물을 부어내요.

수건을 촉촉하게 적셔서 생강이 담긴 그릇 위에 덮어요.

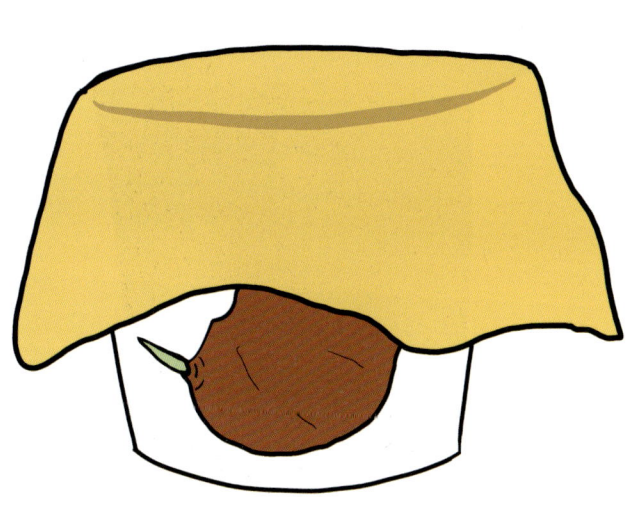

싹이 날 때까지 수건이 마르지 않도록 촉촉하게 관리해요. 7-10일이 지나면 생강에서 싹이 날 거예요.

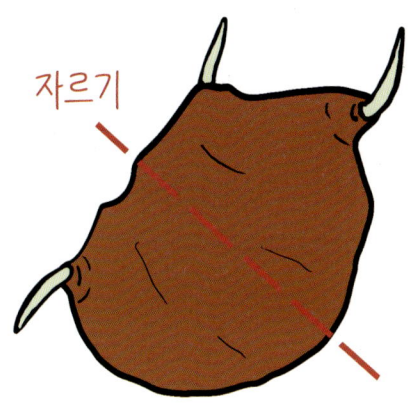

자르기

생강 하나에 여러 개의 싹이 났다면 싹이 1~2개만 있도록 칼로 생강을 더 작은 조각으로 잘라요.

꼭 깨끗한 칼을 쓰세요. 더러운 칼은 식물에 해를 입혀 병들게 해요.

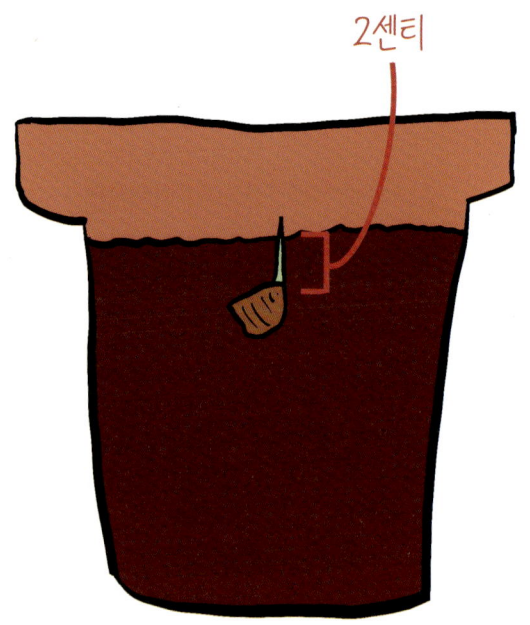

2센티

싹이 2센티 정도로 자라면 각자 화분에 흙을 채워 생강의 싹이 위로 향하도록 심어요.

싹이 너무 길게 자란 후에 심으면 싹이 쉽게 부러질 수 있어요.

생강의 몸통 위로 흙을 2센티 더 채워요.

생강은 얕은 흙을 좋아하지만, 몸통이 햇빛에 노출되어도 안 돼요.

바로 화분에 물을 주고 반양지로 옮겨요.

생강은 축축한 흙을 싫어하기 때문에 물을 촉촉할 정도로 줘야 해요. 또 너무 오랫동안 직사광선을 맞으면 싫어하기 때문에 반양지에 둬야 해요.

생강

수확하기

준비물 일회용 수저나 젓가락, 가위나 칼

1~2주가 지나면 싹이 흙을 비집고 나올 거예요. 생강 뿌리가 발달하기 시작했다는 의미예요. 3~4개월 이후부터 생강을 수확할 수 있어요.

화분 바깥쪽에 나고 있는 순을 골라서 그 주변의 흙을 조심스럽게 파내며 생강을 찾아요. 심었던 생강에서 최대한 떨어져 있는, 새로 난 생강을 골라요.

주변 생강이 줄기로 이어져 있기 때문에 화분에서 완전히 빼면 안 돼요. 흙을 팔 때는 일회용 수저나 젓가락을 이용하면 편해요.

파낸 생강에서 먹을 만큼만 가위나 칼로 잘라 내고 남은 생강은 파냈던 자리에 다시 심어요.

잘라내고 남은 생강의 길이가 4센티 이상은 되어야 무리 없이 계속 자라요. 그리고 꼭 깨끗한 가위나 칼을 쓰세요. 더러운 도구는 식물에 해를 입혀 병들게 해요.

당근 순 Carrot Top

아셨나요?

당근 꼭대기에서 나는 줄기와 이파리도 정말 맛있어요.

당근 향이 솔솔 나서 다른 채소와 볶아 먹거나 나물을 해 먹으면 맛이 참 좋아요.

당근 순 키우기

준비물 당근, 칼, 통, 지름 8센티 화분, 수돗물

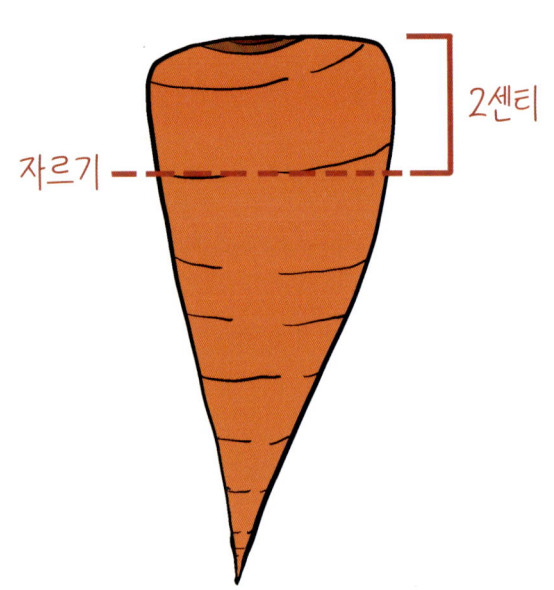

당근의 맨 꼭대기에서 2센티 정도 아래인 지점을 칼로 자르세요.

당근의 자른 단면을 아래쪽으로 향하도록 통에 넣어요.

물을 1센티 높이까지 채워요.

따뜻하고 반양지인 곳으로 통을 옮기고 물이 완전히 마르지 않도록 1센티 높이로 유지해요.

물은 2~3일에 한 번, 혹은 갈색빛이 돌면 갈아요. 또한 당근 위쪽까지 물을 채우면 당근이 쉽게 썩어요.

며칠이 지나면 작은 뿌리가 당근 아래쪽에서 생겨나요. 뿌리가 2~3센티 정도 자라면 흙에 심어요. 화분에 흙을 담고 손가락으로 화분 중앙에 당근이 모두 들어갈 만한 크기의 구멍을 만들어요.

당근의 뿌리가 바닥으로 향하도록 심어요.

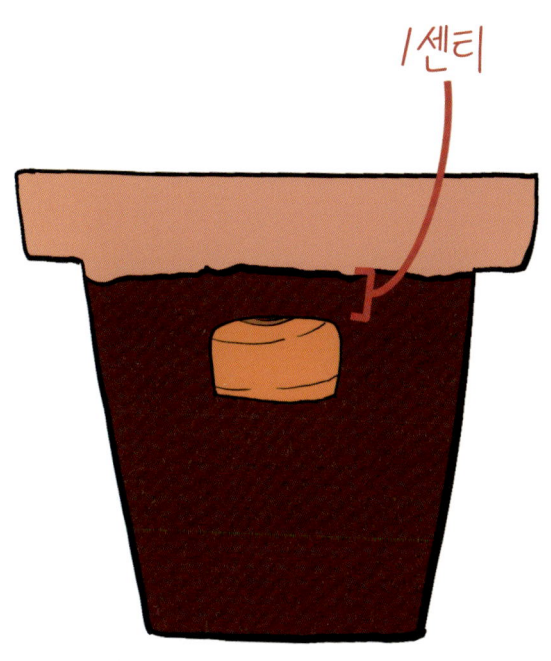

당근의 꼭대기 위로 흙을 1센티 정도 더 덮어요.

바로 물을 주고 통풍이 잘되는 반양지에서 키워요.

당근 순

수확하기

준비물 가위

자르기

가위로 길게 자란 바깥쪽의 줄기를 흙의 지면 가까이 잘라요.

줄기를 모두 잘라내면 당근 순이 다시 자라기가 어렵기 때문에 중간에 자라고 있는 작은 이파리는 남겨요. 그리고 꼭 깨끗한 가위를 쓰세요. 더러운 가위는 식물에 해를 입혀 병들게 해요.

바 질 Basil

준비물 바질 줄기, 작은 컵, 지름 10센티 화분, 흙, 수돗물, 햇빛

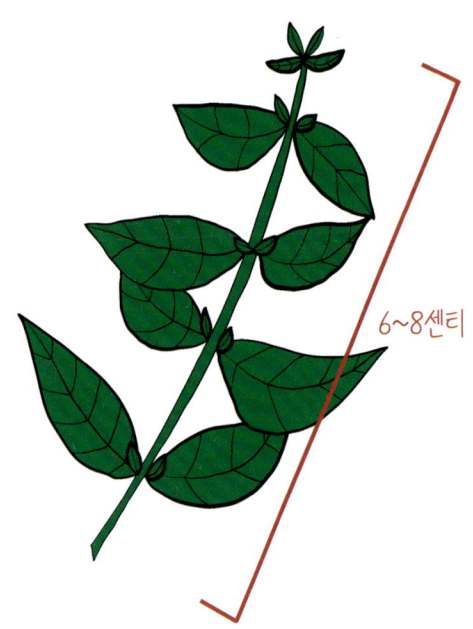

6~8센티

6~8센티 정도 길이의 이파리가 많이 달린 바질 줄기를 골라요.

바질 위쪽에 나는 큰 이파리 3~4장, 그리고 함께 나는 작은 이파리만 남기고 그 아래로 나는 이파리를 모두 떼어내요.

제일 꼭대기에 나는 아주 작은 이파리는
떼지 않아요.

컵에 물을 채우고 바질 줄기를 물에 꽂아요.

이파리에 물이 닿지 않게 해야 썩지 않아요.
물은 2~3일에 한 번, 혹은 갈색빛이 돌 때 갈아줘요.

빠르면 며칠, 늦으면 몇 주가 지나면 새로운 뿌리가 날 거예요. 뿌리가 2~3센티 정도 자라면 화분에 흙을 채우고 손가락으로 뿌리가 들어갈 만한 크기의 구멍을 만들어요.

바질 뿌리를 심어주고 바질 줄기의 2센티 정도가 덮이도록 흙을 더 채워요.

바로 물을 주고 해가 잘 드는 곳에서 키워요.

허브 종류는 해를 많이 봐야 잘 자라요.

바질 수확하기

준비물 가위

자르기
5마디
4마디
3마디
2마디
1마디

바질은 이파리, 줄기, 이파리, 줄기 순으로 자라요. 일렬로 난 줄기 구간의 수가 3~4개 정도가 되면 가장 큰 이파리를 손으로 떼고 가장 위쪽 줄기의 끝을 가위로 잘라요. 그래야 바질이 위로 계속 자라지 않을뿐더러, 옆으로 가지와 이파리를 많이 내어 더 풍성하게 키울 수 있어요.

이파리를 한꺼번에 너무 많이 수확하면 빛을 흡수할 이파리가 부족해서 시들 수 있어요. 꼭 이파리의 1/3 정도는 남겨두세요.
그리고 꼭 깨끗한 가위를 쓰세요. 더러운 가위는 식물에 해를 입혀 병들게 해요.

자르기

이후에 옆으로 난 가지가 길어져서 줄기 구간의 수가 3~4개 정도로 길어지면 가지의 끝을 수확해야 바질이 잘 자라요.

바질의 이파리가 너무 커지면 수확하는 게 좋아요. 그래야 작은 이파리가 지속해서 커져요.

다른 허브 종류도 키울 수 있나요?

로즈메리(로즈마리), 애플민트, 타임 등 다른 허브도 동일한 방법으로 키울 수 있어요. 바질과는 다르게 물에 꽂기 전에 줄기 위쪽의 2~3센티만 이파리를 남기면 돼요.

고구마 줄기 Sweet Potato Slip

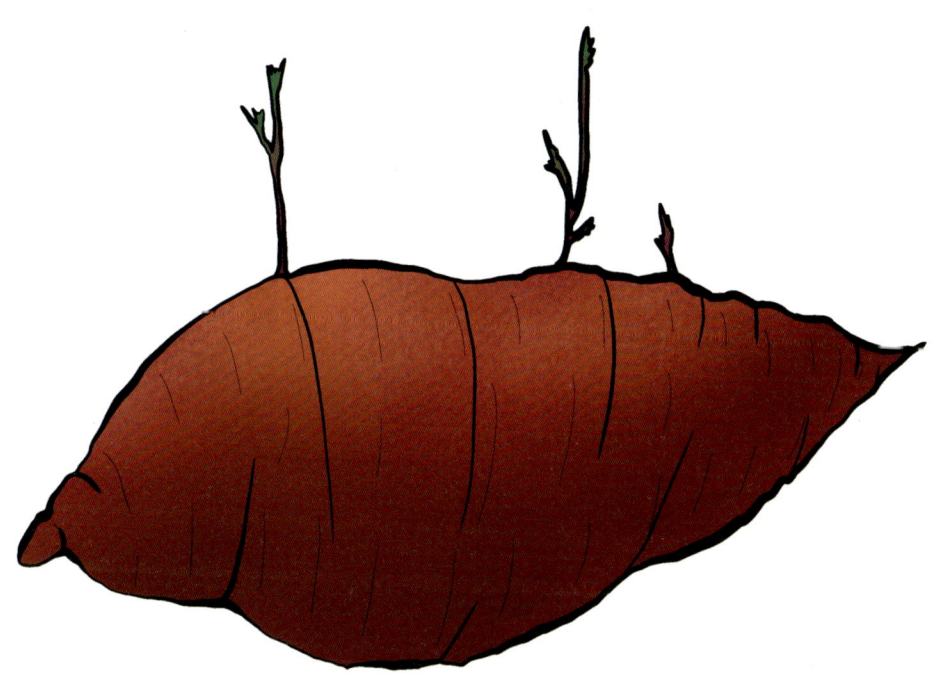

고구마 줄기 키우기

준비물 고구마, 스티로폼 혹은 플라스틱 상자, 지름 30센티 화분, 가위, 흙, 수돗물

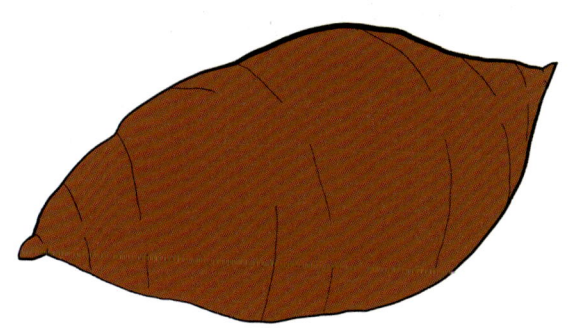

어른 손 길이 정도의 고구마를 골라요.

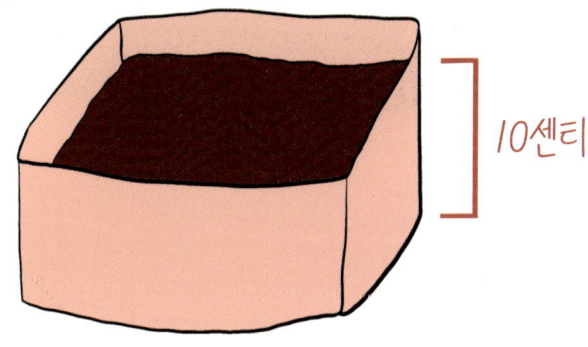

상자에 흙을 10센티 정도 채워요.

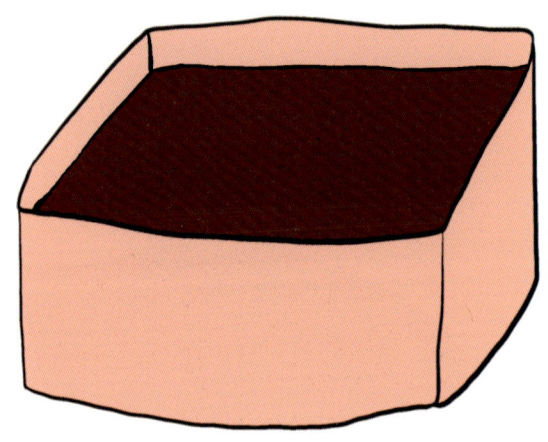

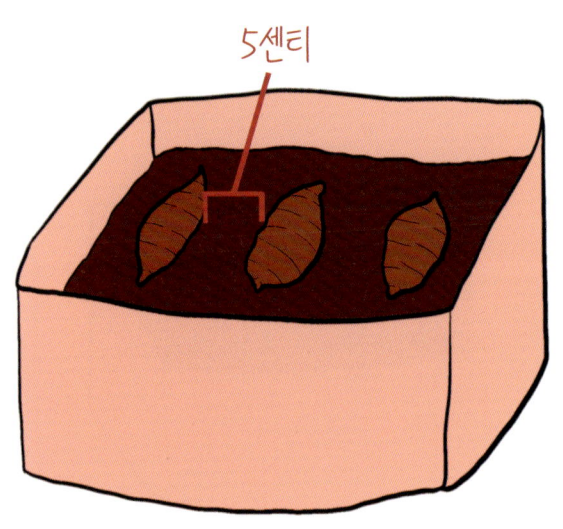

흙 위에 고구마를 5센티 간격으로 얹어요.

고구마가 보이지 않게끔 조금만 흙을 더 채우고 물을 듬뿍 줘요.

흙이 흥건하기보다는 축축할 정도로만 줘야 곰팡이가 나지 않아요. 싹이 날 때까지 물을 더 이상 주면 안 돼요.

빠르면 1주일, 늦으면 3주 후에 싹이 흙을 비집고 올라와요. 이때부터 겉흙이 마를 때마다 물을 촉촉하게 줘요.

자르기

고구마 싹의 길이가 20센티 정도로 무성하게 자라면 줄기가 흙에서 나오는 부분을 가위로 잘라요.

고구마는 더 이상 쓸모가 없기 때문에 버려요. 그리고 꼭 깨끗한 가위를 쓰세요. 더러운 가위는 식물에 해를 입혀 병들게 해요.

30센티 화분에 흙을 채우고 손가락으로 줄기를 넣을 구멍을 만들어요.

각자 줄기를 위한 화분이 필요해요. 줄기 하나만 심고 싶다면 나머지 줄기는 요리에 활용하세요.

줄기를 구멍에 심고 줄기가 3센티는 덮이게끔 흙을 채워요.

바로 물을 주고 해가 잘 드는 곳에 둬요. 곧 줄기가 새로운 뿌리를 내려 더 많은 싹이 생길 거예요.

이후로부터 겉흙이 마르면 물을 줘요. 고구마 이파리는 수명이 50일 정도 되기 때문에 노후되면서 노란빛을 띠며 말라버려요. 이는 자연스러운 현상이기 때문에 마른 이파리만 잘라내면 돼요.

고구마 줄기 수확하기

준비물 가위

자르기

1~2개월 정도 지나면 이파리가 엄청나게 무성해져요. <mark>가장 긴 줄기 위주로 골라 줄기가 흙에서 나는 지점을 가위로 잘라요.</mark>

아직 짧은 줄기까지 과하게 수확하는 경우, 햇빛을 흡수할 이파리가 부족해지기 때문에 남은 고구마 줄기마저 모두 시들 수 있어요. 그리고 꼭 깨끗한 가위를 쓰세요. 더러운 가위는 식물에 해를 입혀 병들게 해요.

고구마 Sweet Potato

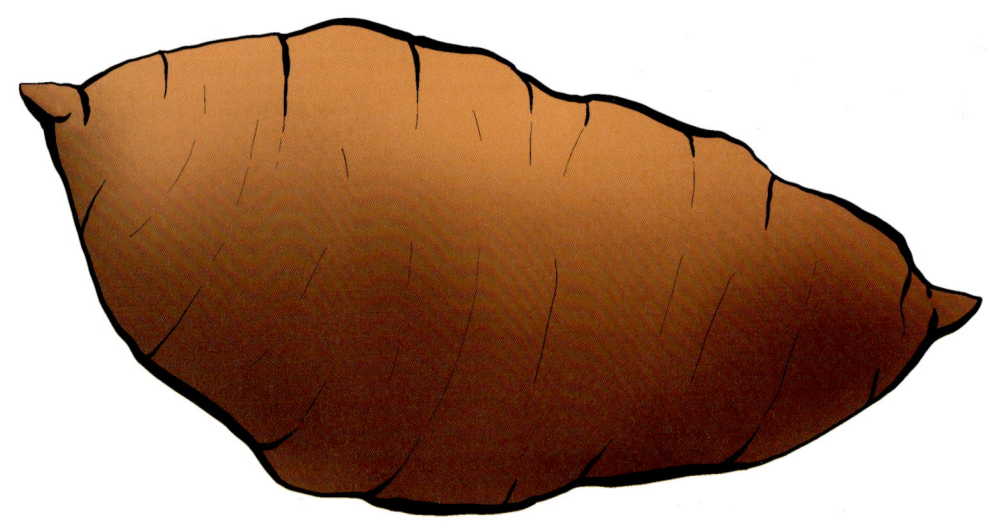

고구마 키우기

준비물   고구마, 스티로폼 혹은 플라스틱 상자, 지름 30센티 화분, 가위, 흙, 수돗물

고구마를 키우는 방법은 고구마 줄기를 키우는 과정과 동일해요. 고구마 줄기가 무성해지면서 흙 아래에 고구마가 자라고 있을 거예요.

고구마
수확하기

자르기

준비물 가위

고구마 줄기를 심은 지 110~130일이 지났을 무렵, 자라고 있는 모든 고구마 줄기를 가위로 잘라 먼저 수확해요.

꼭 깨끗한 가위를 쓰세요. 더러운 가위는 식물에 해를 입혀 병들게 해요.

줄기가 자라나던 곳의 흙을 살살 파서 고구마를 모두 캐내요.

수확한 고구마를 5일 정도 서늘한 곳에서 말리듯이 후숙한 후에 먹으면 훨씬 맛있어요.

채소로 채소를 키워요